THE
CLEAR
SKY

POEMS BY

ȘTEFAN
MANASIA

English translation by
Clara Burghelea

DOS MADRES

2025

DOS MADRES PRESS INC.

P.O. Box 294, Loveland, Ohio 45140
www.dosmadres.com   editor@dosmadres.com

Dos Madres is dedicated to the belief that the small press is essential to the vitality of contemporary literature as a carrier of the new voice, as well as the older, sometimes forgotten voices of the past. And in an ever more virtual world, to the creation of fine books pleasing to the eye and hand.

Dos Madres is named in honor of Vera Murphy and Libbie Hughes, the "Dos Madres" whose contributions have made this press possible.

Dos Madres Press, Inc. is an Ohio Not For Profit Corporation and a 501 (c) (3) qualified public charity. Contributions are tax deductible.

Executive Editor: Robert J. Murphy

Illustration & Book Design: Elizabeth H. Murphy
www.illusionstudios.net

Typeset in Times New Roman
ISBN 978-1-962847-27-8
Library of Congress Control Number: 2025938613

ACKNOWLEDGEMENTS

Grateful acknowledgement is made to the editors of the following journals, in which variations of these poems originally appeared:

Apofenie: 'WE ARE THE GENERATION OF EXTINCTION,' 'SO/NN/ET,' 'POLTERGEIST IN FĂGET FOREST'

Boundless Volume 3: 'ABOUT A GIRL', 'APRIL 12TH, 'FEBRUARY', 'ENERGY FOOLS THE MAGICIAN', 'ABOUT A GIRL'

Cagibi: 'LITHIUM (THE DANCE OF THE SNAKE)'

Denver Quarterly: 'DARTH VADER'S LITTLE GIRL'

National Translation Month: 'THE MECHANICAL BULL,' 'MARCH 20TH. PUSSY RIOT HOMAGE,' 'THE HOUSE WITH AUTOMATED LIGHTS,' 'IN THE SNOW AMONG THE GARAGES,' 'THE SCHOOL ON THE HILL,' 'TWO-AND-A-HALF-YEAR-OLD ESTERA'

Przekrój Magazine: 'ARS AMANDI'

Reunion: The Dallas Review: 'PAINT IT BLACK,' 'NEPAL,' 'ARS AMANDI'

Trafika Europe: 'ANNUNCIATION. MARCH 25', 'THE PEACE', 'JANUARY 1, 2014', 'ABOUT A GIRL', 'FORCED LANDING', '2077, HISTORIES', 'SAFARI', 'LITHIUM (THE DANCE OF THE SNAKE)', 'THE HAPPY, CARELESS SISTER'

Waxwing: 'THE MIRACLE', 'HOW TO HIDE UNHAPPINESS'

TABLE OF CONTENTS

🏛 EXIT

To all my lovelies,
Saşa, Mihnea and Iulian

INTRODUCTION

Ștefan Manasia is one of the most prominent Romanian poets, known not only for his remarkable creative work, but also for his active presence within the literary community. I was lucky to have met Ștefan before starting translating his work in 2017. We have shared a close collaboration throughout the years, either in person or via Messenger, not only in relation to the process of translation and its trials but also supporting each other's work.

The Clear Sky (2015) is a collection of lyrical poetry about the little joys of everyday life from creatures that cross the speaker's path to an exploration of his paternal instincts. Manasia's poetry revels in intimate writing that invites the reader to consider greater things such as nature or the cosmic world. One of the most evocative poems in the collection is "Darth Vader's Little Girl" which captures familiar moments where the speaker marvels at his girl's playfulness, fully immersed in the aquatic realm:

> Little children are like wine. Esterke dives into the turquoise water. The world is a vacation picture: waves - of silver, beach - of white sand. They built the wharf from the remains of ships. We jump in, chasing one another, until she no longer resurfaces for minutes. I plunge in panic, someone screams. I find my tomboy in a sort of plastic alveolus, levitating in fetal position. She has always been under my feet. I swim peacefully, I lift her up. She has a big smile on her face: warm, religious, unearthly.

Manasia's poems exult of vulnerability and open to more rawness. They are anchored in his daily obsessions and navigate the solitude we all experience in our mundane interactions. In an explosive mixture of senses, objects, and materials, Manasia paints the world in vivacious colors, holding a mirror to our inquisitive eyes and allowing us to masterly slide in and out. This mirror that is his poems shows our own breath.

The poet is also an incredibly skilled language puppeteer. His poetry is visually impactful, and it begins in the mouth, as it should. It navigates mundane anxieties and Manasia's constant reference to cultural landmarks creates a tender juxtaposition. In articulating our uncomfortable silences, his poems reveal the poet's generosity and how palpable the simplest emotions and encounters connecting us to others, are. By engaging with the limitations of the body in his work, Manasia explores the urges and excesses of his own and others' physicality and the way it informs his writing.

The Clear Sky presented a number of challenges for the English-language translator. For instance, I wanted to preserve the form of the sonnets in the collection and in translating them, I focused on capturing the end rhyme of the original poem:

> The bed sea stowed in a book by Nino Stratan.
> In the air, the rippling world of Ion Mureşan.
> Inside, the winter light. The softly dusted dawn.
> Below, the wasp of sadness dropping spawn.

In this particular poem, Manasia pays tribute to some representative figures of the Eighties, a group of young poets that revived and gave a new breath into the Romanian poetry. Details about all the poets and other important cultural references are included at the end of the collection as *Notes added by the poet,* in an attempt to clarify the content of such poems but also to pledge his allegiance to their exclusive literary tribe. This is the narrative nucleus around which some of the poems in the collection are built and is intended to position Manasia in the Romanian poetry landscape, while also illuminating the reader on the poet's literary legacy. To the English audience, they provide a blueprint of the Romanian poetry writing and speak to Manasia's identity split between his simplicity and restlessness.

Apparently written in a simple manner, his poems, resonant and fragrant, required subordinating my own instincts as a translator to the poet's, thus preserving Manasia's stylistically distinctive voice. There are five "Ars Amandi" poems included in the collection, and all of them reference sexual love and echo Ovid's *Ars Amatoria*. The last one is a one-stanza poem, made up of a rhyming quatrain:

> Când merg să fac nani
> ca jamaicanii,
> visez doar celestul
> perlatul punani.

The original poem pairs „nani" -go nap nap- with „punani", the slang term for the female genitalia used in the Jamaican Patois. Since such rhyming was impossible to capture, I focused on rendering the meaning of the quatrain:

> When I go to sleep
> like Jamaicans do
> I only dream of
> the celestial
> pearly punani.

Such decisions mirror not only the trials of carrying across the playfulness of form in Manasia's poems. They are an example of my focus on the poet's tone and style which I wanted to convey to the English audience. The intriguing musicality and striking word-choice of his poetry made the process both challenging and exhilarating. His cultural references, lyrically-infused lines, essential poetic vocabulary, thematic obsessions and wry self-consciouness are all present in this translation. His collection offered me much delight in discovering musical equivalences in English and bringing his unique poetry in another linguistic key. Above all, it was more than a reading experience, it was a co-creation of a new text that gave me the priviledge to access Ștefan's mind and poetic sensibilites.

To me, translating *The Clear Sky* was a unique opportunity to bring into English the poetry that I like in Romanian in a manner that made the most sense to me. I could not have done without Ștefan's help, a powerful reminder of the power of collaboration in the translation realm.

THE CLEAR SKY

"In the silence of consciousness, I ask myself:
Why did I reject my life? And I answer
Die Erde überwältigt mich:
the earth defeats me."

Louise Glück, Landscape, Part 4

ENTER

FORT MĂNĂSHTUR, 26 NOIEMBRIE 2013

Ceață afară, abur, broboane pe geam:
„adevărul e cerul senin",
cum zice Nino Stratan.

MĂNĂSHTUR FORT, NOVEMBER 26, 2013

Mist outside, steam, drops on the window:
"The truth is the clear sky",
says Nino Stratan.

ATERIZARE FORȚATĂ

„Într-adevăr, odinioară,
s-a cuibărit în casă Eris,
cearta de nezdruncinat în pornirea-i
de-a spulbera un bărbat.”
—Eschil, Orestia

„În primul rînd, trebuie să inventariem
Pe cît posibil ireparabilul.”

—George Steiner

FORCED LANDING

"Indeed, once
Eris nestled into the house,
her unshakeable strife in her drive
to ruin a man"

—Aeschylus, *Oresteia*

"Firstly, we must document
as much as possible the irreparable."

—George Steiner

1 IANUARIE 2014

Văd al patrulea film
cu Toni Servillo.

Nimic mai ispititor
decît să îmbătrîneşti.

Îmbătrînesc ele
scoicile quahog

ca să reîntinerească
pentru sute de ani.

Şi azi descoperă
harpoane

din secolul nouăsprezece
înfipte-n cocoaşa de seu

a celui mai diform
cetaceu. Cînd Toni coboară,

o dată cu 2013,-n cofrajul
lichid

şi dioptriile îi
lucesc

pentru ultima oară.

JANUARY 1, 2014

I am watching
Toni Servillo's fourth movie.

Nothing more alluring
than growing old.

The quahog shells
are also getting old

only to rejuvenate
hundreds of years from now.

Even today they discover
nineteenth-century

harpoons plunged
into the sperm hump

of the most hideous
cetacean. When Toni goes down,

together with 2013,
in the liquid cast

and his diopters
glitter

for the last time.

SO/NN/ET

pentru Ion Mureșan, sexagenar și tînăr, la 6 ianuarie

Fundul de mare-l așterne-ntr-o carte Nino Stratan.
Deasupra lui unduiește lumea lui Ion Mureșan.
E lumină de iarnă acolo. Zorii, pudrați diafan.
Sub ei, viespea tristeții injectează, an după an,

ouă prăzulii-n carnea noastră acoperită cu celofan.
Pe lumea lui Muri crește și-o bombă de rit mazilescian:
se adună înăuntru poeții afumați de prin Silurian.
Doar acolo viespea depresiei îi ocolește, an după an,

și luminii de iarnă-i ia locul seninul heraclitian.
În amiaza aceasta văzută prin termopan,
strălucesc hameiul sintetic, rachiul profan.
Îngerașul cu chef de duel, ca în *Pardaillan*,

transformă bomba-n *commedia dell'arte*, panopticum și cancan:
deasupra ei – mi-e limpede-acuma – vălurește lumea lui
    Ion Mureșan.

SO/NN/ET

to Ion Mureşan, sexagenarian and young, on January 6

The bed sea stowed in a book by Nino Stratan.
In the air, the rippling world of Ion Mureşan.
Inside, the winter light. The softly dusted dawn.
Below, the wasp of sadness dropping spawn,

green eggs in our flesh arrayed in cellophane.
In Muri's world, a bomb of Mazilescu's strain:
indoors, Silurian tipsy poets congregate.
It is where the wasp of sadness will abate

and Heraclitic skies through winter light pervade.
This afternoon, peaked at through double-glazed pane,
shines on the artificial hops, liquor profane.
The fighting little angel, like in *Pardaillan,*

turns the bomb into *commedia dell'arte*, panopticon, cancan:
across its width – it's clear and plain, now – there reigns the
    world of Ion Mureşan.

FEBRUARIE

Mierla ţeapănă
în copac,
cioara cu penele
fluturînd în iarba
ca un arici îngheţat.
Albastrul stins
al ciorii, portocaliul
ciocului mierlei
pe care îl găseşti
vibrant, pentru că
tu nu eşti ornitolog.
Penele ciorii
zboară una
cîte una
în dreptul bisericii greco,
unde ameninţi
de fiecare dată
fetiţa (vai,
ce-ţi mai place)
Vrei să intrăm
şi să-l ascultăm pe părinte?
99% spune NU,
1% spune DA
şi se miră şi ea.

FEBRUARY

The mockingbird
stiff in the tree,
the crow, her feathers
fluttering in the grass
like a frozen hedgehog.
The pale blue
of the crow, the orange
of the mockingbird's beak
you find
vibrant since
you are not an ornithologist.
The crow's feathers
fly one
by one
in front of the Greek Catholic church
where every time
you threaten
the little girl (my,
how you enjoy it)
Do you want to get in
and listen to the priest?
99% she says NO
1% she says YES
and she even wonders.

HAIKU

Ciorile totdeauna
mai spectaculoase
decît avioanele.

HAIKU

The crows are always
more spectacular than the
airplanes truly are.

CASA CU LUMINI AUTOMATE

Am căutat
în zadar
poemul acesta.
Nu l-am notat
în nici un carnet.
Chiar dacă trec mereu
pe lîngă livada
cu pomii, şezlongul
şi jucăriile abandonate,
peste care se tîrăsc
indiferent
anotimpurile.
Ca şi cum ar fi avut
copii, dar o epidemie
sinistră i-ar fi supt
înăuntru şi astăzi
supravieţuiesc toate
în absenţa sensului.
Luminile se aprind
la ferestre
unde nu zăresc
niciodată pe nimeni.
Doi lupi alsacieni
patrulează
grădina, ograda,
înspăimîntaţi
şi exasperaţi
că biolingviştii
nu le-au descifrat
pînă acuma limbajul.

THE HOUSE WITH AUTOMATED LIGHTS

I have looked
in vain
for this poem.
I haven't written it
in any of my notebooks.
Even if I always walk
past the orchard,
the abandoned trees,
lawn chairs and toys,
seasons
indifferently
crawl on.
As if they'd had
kids and some evil
epidemic had fed
on their core and to this day
they all survived
in the absence of meaning.
Lights flicker
at windows
where I never
see a soul.
Two German shepherds
march
through the garden, the yard,
frightened
and embittered
that no biolinguist
has yet deciphered
their language.

PE ZĂPADA DINTRE GARAJE

Pe zăpada murdară
dintre garaje
ne plimbăm
înainte de
lăsarea întunericului.
Vreascuri şi
gunoaie roşiatice
sub felinarele
deja aprinse.
Lupul cel rău
n-a prins purceluşii
îţi aminteşti
trăgîndu-mi
braţul cu
mînuţa ta
bondoacă
spre ceea ce
ar trebui să fie
A/CA/SĂ.

IN THE SNOW AMONG THE GARAGES

In the dirty snow
among the garages
we are walking
before
night fall.
Twigs
and reddish garbage
under the already lit
lamp posts.
The big bad wolf
hasn't caught the little pigs,
you remember,
pulling
my arm
with your plump
little hand
towards
what is meant to be
H/O/M/E.

ȘCOALA DIN DEAL

După ce încercaseră
să mă sechestreze
în pivnițele muzeului
(castel medieval
lituanian), rătăcit-am
drumul spre casă,
dormit-am în tuburi,
lîngă blănuri oranj:

Cîini Care Nu Doresc
Să Fie Euthanasiați.

Ș-ajungeam în apartament,
miroseam căsnicia,
surfam saiturile porno
pînă mă suna Vlad Drăgoi:
Auzi, i-ai promis lui Mușina
că astăzi, la 12, vii să citești
la Școala Din Deal.
Profesorul Mușina
m-aștepta cele 15 minute
și de fiecare dată
spunea *Vedeți?*
sau doar țîțîia arătînd
către ușă. Mi se
făcea jenă și nu mai
intram, întorcîndu-mă
în căsnicie,
să-mi termin sandvișul,
pe urmă la tuburi
unde era(m) mai si(n)gur.

THE SCHOOL ON THE HILL

After they'd tried
to lock me up
in the cellars of the museum
(a medieval Lithuanian castle)
I lost my way home,
slept in the tubes
next to orange furs:

Dogs That Do Not Wish
To Be Put Down.

And I made it to the apartment,
caught a whiff of the marriage,
surfed porn sites
until Vlad Drăgoi called:
Listen, you promised Muşina
that today at 12, you will come
read at The School on The Hill.
Professor Muşina
waited for fifteen minutes
and every time
said *You see?*
or simply tsk-tsked, pointing
to the door. I got embarrassed
and gave up, returning
to the marriage,
to finish my sandwich,
then to the tubes,
where I was (a)lone(r).

SORA VESELĂ ȘI NEPĂSĂTOARE

Și deodată intru în voliera perușilor.
Ei mi-arată
penele amputate:
Nene, pe noi nu ne-a hrănit
nimeni de luni de zile,
am ajuns canibali.
Tot așa-ntre rafturile viermilor
de mătase, în odaia cu șerpi
și țestoase,
a crocodililor vegani.
Tot așa-n garajul zidit
unde marile cichlide
supraviețuiesc în acvarii
și raționalizează prada.
Cu ochii în lacrimi alerg
spre bucătăria de vară.
Aici femeia robotește,
ignorând pisica înfometată:
aproape moartă pe-un carton mucezit.
O îndestulez și alint,
disperat că trebuie iarăși
să plec, lăsând arca pe mîna
surorii vesele și nepăsătoare.

THE HAPPY, CARELESS SISTER

And all of a sudden,
I enter the parakeets' bird cage.
They show me
their clipped feathers:
Mister, nobody has fed us in months,
we have become cannibals.
Same with the shelves
of silkworms,
the turtle and snake room,
the vegan crocodiles.
Same story in the built-in garage
where the big cichlids
survive in aquariums
and plan their spoils.
Teary-eyed, I run
to the summer kitchen.
There a woman toils,
ignoring the hungry cat:
almost dead on a moldy cardboard.
I feed and soothe it,
desperate that I have
to part again, leaving the ark
into the hands
of the happy, careless sister.

2077, ISTORII

feerie pentru Ana Dragu

Chiar dacă-n văile paradisiace
e junglă e răcoare e pace,
pîraie repezi, crustacee
şi peşti – ambră şi
diamante –, chiar dacă malurile
duc în făina deşertului şi
dunele cresc în fiece noapte,
chiar dacă ziua somptuoase
femei explorează
regatul verde ca să
adoarmă apoi
– molatice, duse –
în imperiul nisipului,
chiar dacă totul
e doar promisiunea
unei Porn Opera
cum nu s-a mai văzut
şi banii n-ajung şi regizorului
o tumoare îi ronţăie creierul şi
cameramanii
dispar în timpul filmărilor, a meritat,
desigur, să rămîn aici:

Faun sau grifon din lut
mistuit de holeră –
zac în cort, vă descriu
cum a făcut şi Herodot
în cealaltă eră.

2077, HISTORIES
extravaganza for Ana Dragu

Even though in the heavenly valleys
there is a jungle, and cool, and peace,
fast creeks, shellfish
and fish —amber and
diamonds—, even though the banks
lead to the desert flour
and dunes rise up every night,
even though during daytime,
sensual women explore
the green realm
only to fall asleep
—soft, numb—
in the kingdom of sand,
even though everything
is just the promise
of an unparalleled
Porn Opera
and the money is short,
and the director's tumor
nibbles on his brain,
and the cameramen
vanish while filming, it is, obviously,
worth staying here:

Satyr or clay griffon,
consumed by cholera—
I lay in a tent, telling you everything,
as Herodotus once did
before our age.

ATERIZARE FORŢATĂ

Nu credeam că ramurile
pot bate cu răutatea
unor gheare în geam. Membre
lungi, descărnate, unghii
şi mai lungi lovesc
(cu demenţă şi claritate)
ferestrele de pe Tăşnad.
Geamurile lăcrimează
dacă îi spun: „Sînt ramurile
bradului, ş-atîta, roboţica mea."
Către cealaltă, mare, complexă:
„Sun la primărie şi, pînă la
o nouă furtună, *îl taie*".
Acum fîlfîie peste
stradă, mîngîie aerul, *pot să*
şi mîngîie. Norii s-au retras
ca pleoapele de pe ochi.
Prin jaluzele, soarele -
aproape la fel de bun
ca orice neuroleptic.
Unde e aristocraţia
de altădat'a naturii?
Închid laptopul luînd-o
agale spre dormitor
ca un pilot după
aterizarea forţată:
se ridică şi-o ia
spre luminile oicumenei,
înnodat încă în corzile paraşutei,
mototolită-n jurul elicopterului
care nu a făcut explozie.

FORCED LANDING

I never imagined branches
could knock on the window
with the malice of claws. Long,
fleshless limbs,
and longer nails bang
(with madness and clarity)
the windows on the Tăşnad street.
The windows weep
if I tell her: It is only the fir tree's
branches, my little robot.
To the other one, older, complex:
I'll call the town hall
and before the next storm,
they'll cut it down.
Now they flutter
over the street, caressing the air,
they can also caress.
The clouds have lifted
like eyelids.
Through the shades, the sun—
almost as good
as any neuroleptic.
Where is nature's aristocracy
of yesteryear?
I close the laptop, slowly heading
to the bedroom
like a pilot
after forced landing:
standing up and moving
towards the lights of the oikumene,
still tied to the straps of the parachute,
draped around the helicopter
that did not explode.

20 MARTIE. OMAGIU PUSSY RIOT

Ce tristeţe că Angela Merkel
nu-i Sigourney Weaver nici azi,
cînd primăvara astronomică
parfumează narcisele
iar matca bătrînă
-şi reactivează ovarele.

MARCH 20th. PUSSY RIOT HOMAGE

How sad Angela Merkel
is no Sigourney Weaver, not even today
when the astronomical spring
scents daffodils
and the elderly *Alien* queen
reactivates her ovaries.

ESTERA LA DOI ANI JUMATE

Dumnezeu arată, cum știm,
imaginație limitată.
Natura-și descoperă doar
potecile ei întortocheate.

Fetița mea are rîsul lui Newman,
gușița răsfățatului de bunătăți.
Nu jambalaya, nu iaurt dietetic
nu aripioare de pui de la KFC
ca-n serialul de peste ocean.
E-n alergare tot timpul, ca
Newman, the postman, și rîde
și știe că ziua supremației,
ziua recunoașterii ei,
a sosit. Foști colegi de liceu

le-au dedicat actorilor
seinfeldieni
filmulețe pioase pe Youtube.
Despre mica Estera tatăl ei
tastează poeme, desigur,

numai pentru că Dumnezeu are
imaginație limitată.

TWO-AND-A HALF-YEAR-OLD ESTERA

God shows, as expected,
limited imagination.
Nature unveils
only its winding paths.

My girl has Newman's laughter,
the chubby chin of the spoilt, goodies eater.
No jambalayas, no diet yoghurt,
no KFC chicken wings
like in the foreign sitcom.
She is always running
like Newman, the postman,
and laughs and knows
the day of her supremacy,
of her recognition is here. Former

high school peers devoted
pious YouTube movies
to the Seinfeldian actors.
About little Estera, her father
is, of course, typing poems,

simply because God has
a limited imagination.

SO/NN/ET

În lunca suferinței vieții mele
arinii și răchitele-s argint topit;
sacii de pempărși stivuiți sub stele
păzesc ovalul pond azi otrăvit.

Cuirasele țestoaselor s-au risipit:
sînt molecule sidefate, grele,
în damful roz de după pod ivit,
balon gigant al pubertății mele.

Și fesele bombate ale Deliei au zîmbit
cînd ploaia ne-a udat pînă la piele.
În vara-aceea am domesticit
oxizii violet din ochii fetei rele.

Și cînd dăruiește femelei albina prigoria—
mi-amintesc din vis doar atît—frumusețea este memoria.

SO/NN/ET

In the meadow of my life scars,
alders and wickers are molten gray;
sacks of diapers stacked under stars
watch the oval septic pond of today.

The heavy armor of the turtle's gone:
hefty, mother-of-pearl molecules stood
in the rosy scent from the bridge pylon,
a giant balloon of my boyhood.

And Delia's round bottom smiles
when rain soaks us to the skin.
That summer we happily broke in
the violet oxides of the bad girl's eyes.

And when the robin gives its mate the bee—
all I remember of my dream is this—beauty is memory.

PACEA

Nu m-am gîndit deloc pîn-acum
că vreun puşti născut după '91,

băiat sau fată/ transgender
ar putea fi deja mutilat

de tristeţe şi timiditate
ca un dovleac

uitat după
Halloween. Şi deja

a găsit unghiul
decorul perfect

pentru fotografia
alb-negru. A ales

muzicile non-invazive.
Pacea.

Medalionul cu fluture.
Unghiile mov.

Marginea acoperită
cu tabla de duraluminiu

ciuruită de
ploile toamnei,

bordura blocului
cu zece etaje.

THE PEACE

It never crossed my mind at all
that a kid born after 1991,

boy or girl/transgender
could already be maimed

by sadness and timidity
like a pumpkin

forgotten
after Halloween. And already

they found the angle,
the perfect decorum

for the black and white
photo. They have chosen

non-invasive music.
The peace.

The butterfly necklace.
The purple nails.

The covered edge
of the duralumin roof

pierced
by fall rains,

the pavement of the ten-storey
apartment building.

MIRACOLUL

Frunzele roşii
rezistă în paharul de sticlă –

îngeri al căror nume
nu-l cunosc.

Le presar între paginile cărţii
poetului mort,

de-al cărui nume
promit să mă dezvăţ.

Puţină apă
(sticleşte ca vodca)

şi tortura lor îmi pare
atrăgătoare.

Din autobuz i-am arătat
Esterei

copacul roşu ca-n
Anotimpurile lui Kim-Ki-duk.

Mi-era teamă
că şoferul o să accelereze

iar ea va pierde *per sempre*
miracolul.

THE MIRACLE

The red leaves
endure in the glass—

angels whose names
I don't know.

I sprinkle them among the pages
of the dead poet's book

whose name I promise
to unlearn.

A little water
(glittering like vodka)

and their torture
seems attractive to me.

From the bus, I showed
Estera the red tree

like the one in Kim Ki-duk's
Spring, Summer, Fall ... Winter and Spring.

I was afraid the driver
might throttle up

and she would *per sempre* miss
the miracle.

HAIKU

Tata emite energie
neagră şi sub Lunile
altei planete.

HAIKU

My father emits
this black energy under
other planet's Moons.

FETIȚA LUI DARTH VADER

1.

Copiii mici sînt ca vinul. Piramida aztecă din nisip pe care astăzi i-am construit-o Melissei a căpătat, o dată cu lăsarea întunericului, două ziduri concentrice de apărare. Și aș fi jurat că Estera deja a dărîmat-o. Cum face de atîtea ori, cînd nimic nu o bucură mai mult decît să provoace.

2.

Copiii mici sînt ca vinul. Esterke plonjează în apa turcoaz. Lumea-i o fotografie de concediu: valurile – de argint, plaja – nisip alb. Debarcaderul l-au construit din resturile corăbiilor. Sărim unul după altul, pînă ea nu mai urcă la suprafață minute în șir. Mă scufund panicat, cineva țipă. Îmi găsesc băiata-ntr-un soi de alveolă elastică, levitează-n poziția fetală. Fusese mereu sub picioarele mele. Înot liniștit, o ridic. E toată un zîmbet: cald, religios, neuman.

3.

Copiii mici sînt ca vinul. Estera privește peste umăr salcîmii halucinați: are ochii fotografului din *Blow-up*, gurița dulce și nevinovată. Lansăm amîndoi particule de spumă poliuretană. Curenții de aer le ridică, aproape instant, deasupra cartierului. Se uită la mine cu privirea tip „Tati, acum ce mai facem?" În grădină, motanul bătrîn (alb murdar) și motanul tînăr (negru tăciune) pîndesc sub tufele de mirabilis: au sosit la opăț fluturii cap-de-mort și liliecii zboară excitați la semiînălțime. Seniorul mîrîie, juniorul dă ture și reocupă, înciudat, aceeași poziție: aleg amîndoi liliecii, firește, cum am putut crede anul trecut că Tom vagabond duce-n botic o bucată de umbrelă care zvîcnește.

4.

Copiii mici sînt ca vinul. Sînt iarăşi în lumea gotică şi marină, smaragdie, sinilie, viorie: călătoresc întotdeauna dinspre Sud către Nord, de la şantierul naval spre cazinou, pe faleza de marmură, apoi prin ceea ce fusese odată un templu sau intrarea în anticul port (grecii, atlanţii), pînă în nordul unde sclipesc conductele de inox, sondele înfipte în insula reziduală. Aici e *Recycle bin* sau *Fuckery*. Aici ajunge totul, de aici pleacă totul. Energia, poluarea, hrana. Prostituate băute şi drogate îmi aţin calea. Le îndepărtez cu dosul palmei, scîrbit. Mă întorc pe faleză. Cobor cu Estera pînă la valurile gigantice şi inofensive, care vîntură pietricele şi cioburi numai pentru a le depune pe mal. Pe urmă căutăm, la bordul planorului electric, o adresă în oraşul peste care se lasă înserarea şi ploaia.

5.

Copiii mici sînt ca vinul. Alerg cu adidaşii bej, ea lopătează-n cizmuliţele roşii cauciucate, pe spinarea bicicletei albastre, fără pedale. Înghiţim trotuarele umede ca liniile din palma lui (N)aum.

6.

Esterologie. Seara, în spatele blocului, sorb din ochi luna plină, uriaşă, înconjurată parcă de-un curcubeu. Are o aură formată din mai multe *ape*. Şi nu mai ştiu cum să îngenunchez şi cui să mă rog. Şi aş îngenunchea şi m-aş ruga, scrîşnind ca întotdeauna: „**Numai atîta poţi**?"

7.

N-ai să-ţi mai aminteşti, poate, întîia noastră excursie la *Vivariu*. Chipul extatic al tînărului biolog – pepene crem sub cîrlionţii negri interminabili –, clipa cînd, singură, tu ai

surprins şarpele boa vînînd. *Îi mai dai un şoricel, te rog?*
Uite-l că moaare de foameee... Ceilalţi părinţi şi-au tîrît de
acolo, scandalizaţi, progeniturile. Noi trei am rămas – într-o
rebelă solidaritate – pîndind secunda în care alt boa o să
ţîşnească din nisip, muşcînd şi încolăcind şoricelul. Pentru
că-i era, pur şi simplu, inadmisibil de foame. Pentru că, în
după-amiaza de iulie, cînd albina o înţepase pe prietena ta,
ai plîns şi m-ai emoţionat: nu pentru fetiţa smiorcăindu-se
în braţele bunicului, ci pentru-albina care, pierzîndu-şi acul,
moare.

8.
Copiii mici sînt ca vinul. *Du-te la mami, împac-o,* i-am
zis înainte să plec, *doar tu poţi s-o împaci pentru că tu
eşti vulpiţa,* şi vulpiţa mi-a dat cutiuţă magică verde, cu
oglinjoară şi farduri, *Ţine-o cu tine cînd treci prin pădurea
cea deasă,* (n-am s-o pierd şi n-o să mă pierd). Printre
spiriduşii din Insomnia, sub abajururile roşii cît hribii
mutanţi. Am traversat, aproape inconştient, club după club.
Stînga îmi transpirase tot scotocind buzunarul şi verificînd
dacă talismanul i-acolo. Era acolo în taxi, acolo – pe aleile
din proximitate. Le străbat din ce în ce mai ezitant, dilatînd
timpul lipsit de calitate. Şi numai gîndul că mîine, pe orice
fel de lumină, vom ieşi amîndoi să construim şi să demolăm,
să inventăm întîmplări, face totuşi să mai găsesc uşa şi cheia
şi canapeaua, vidul domestic în care aparatele electrocasnice
înalţă muzici spre distrugerea mea. Copiii mici sînt ca vinul,
îmi spun, cînd te văd pregătindu-mi salată sau desert în
crăticioare minuscule, pe iarba murdară, acolo unde răutatea
şi sloiurile nu ajung, unde isteriile bergmanniene nu mai
au forţă să reteze arteră după arteră. E toamnă tîrzie sau
primăvară devreme. Copiii mici sînt ca vinul. Tu eşti puiul

de lup şi eu căpetenia haitei, care-l salvează pe Mowgli. Îţi arăt norii şi dragonii, iepurii cu dinţi de carton, pe balaurul Giorgică şi fantomele dansatoare. Acum ştiu, acum ştiu de ce mai sînt aici.

9.

Cînd voi fi mare, vreau să am muuulţi copii, şi pe cel mai mic vreau să-l cheme Ştefan. De ce, tati? Pentru că tu o să fii mort, tati. Şi-mi place tare mult numele Ştefan.

10.

Copiii mici sînt ca vinul. Tăiem liniile din palma lui (N) aum cu bicicleta mea insectiformă. Cînd soarele coboară în smîrcul de pe Canal, eu îmi ridic şi depărtez de roţi picioarele, iar tu, în scăunelul alb, îndrepţi degeţelul spre cerul senin, ca şi cum fiinţele longiline ale văzduhului ar şti, într-o secundă, că venim.

DARTH VADER'S LITTLE GIRL

1.

Little children are like wine. The Aztec sand pyramid I built today for Melissa got two concentric defense walls after dark. And I would have sworn Estera already knocked it down. Like she does so many times, when nothing makes her happier than to challenge.

2.

Little children are like wine. Esterke dives into the turquoise water. The world is a vacation picture: waves — of silver, beach — of white sand. They built the wharf from the remains of ships. We jump in, chasing one another, until she no longer resurfaces for minutes. I plunge in panic, someone screams. I find my tomboy in a sort of plastic alveolus, levitating in fetal position. She has always been under my feet. I swim peacefully, I lift her up. She has a big smile on her face: warm, religious, unearthly.

3.

Little children are like wine. Estera looks over her shoulder at the hallucinating acacia trees: she has the eyes of the *Blow-Up* photographer, the sweet, innocent mouth. We both launch particles of polyurethane foam. The air currents lift them up, almost instantly, above the neighborhood. She stares at me with the kind of "What now, daddy?" look. In the garden, the old (dirty white) cat and the young (pitch dark) cat lurk under the mirabilis bushes: death's head hawkmoths have come to the feast and anxious bats fly low. The older cat growls, the younger circles around and spitefully resumes the same position: they both pick bats, obviously, how was I to believe last year that Tom, the tramp, was carrying around in his little mouth a piece of throbbing umbrella.

4.
Little children are like wine. I am again in the gothic, marine, emerald, bluish, violet world, always travelling from South to North, from the shipyard to the casino, on the marble boardwalk, through the former temple or entrance to the ancient harbor (the Greek, the Atlanteans), to the north where inox pipes glisten and the oil wells thrust into the residual island. Here is the *Recycle Bin* or the *Fuckery*. Here everything ends; from here, everything starts. Energy, pollution, food. Drunk, stoned prostitutes cross my path. I shove them off with the back of my hand. Disgusted, I turn back to the boardwalk. I take Estera down to the gigantic, harmless waves that only winnow pebbles and glass pieces to deposit on the beach. Then, on board of the electric glider, we look up an address in the city on which dark and rain fall.

5.
Little children are like wine. I jog in my beige trainers, she paddles in her red rubber boots, at the back of her pedal-less blue bike. We swallow wet sidewalks like the lines in (N)aum's palm.

6.
Esterology. In the evening, behind the apartment building, I eat up with my eyes the full giant moon circled by a rainbow. It's got an aura made up of many *waters*. And I no longer know to whom to kneel and pray. And I would kneel and pray, grinding my teeth as always: *Is this all you've got?*

7.

You might not remember our first trip to the *Vivarium*. The ecstatic face of the young biologist —a beige watermelon under endless black curls— the moment when, all by yourself, you surprised the boa hunting. *Can you give him another mouse, please? Look at him dyiiing of hunger...* The other parents dragged their offsprings out in outrage. The three of us stayed —in rebellious solidarity— lurking for when another boa constrictor jumped from the sand, biting and coiling around the mouse. Simply because it was unbearably hungry. Because that July afternoon, when the bee stung your friend, you cried and got me all emotional: not for the little girl whining in her grandfather's arms, but for the bee which, losing its stinger, dies.

8.

Little children are like wine. *Go to mommy, comfort her*, I told her before leaving, *only you can comfort her for you are the little fox* and the little fox gave me a green magic box, with a little mirror and make up, *Hold on to it as you cross the thick forest*, (I won't lose it nor lose myself). Among the Insomnia leprechauns, under the red lampshades the size of mutant mushrooms. I unconsciously hopped from club to club. My left hand was sweaty from rummaging in my pocket to check if the charm was there. It was there in the taxi, there in the neighboring alleys. I walked them ever more hesitantly, expanding the low-quality time. And only the thought that tomorrow, in any kind of light, will both go out to build and demolish, invent stories, makes me find the door and the key and the couch, the domestic void where home appliances raise music to my destruction. Little children are like wine, I tell myself, when I see you making me salad or dessert in tiny pots, on the dirty grass, where meanness and icicles don't reach, where the Bergmanian hysterics no longer have the force to cut one artery after the other. It is late fall or early spring. Little children are like wine. You are the wolf cub and I, the alfa male that saves Mowgli. I show you clouds and griffons, rabbits with cardboard teeth, Giorgică, the dragon, and the dancing ghosts. I now know, I now know why I am still here.

9.

When I grow up, I want to have maaaany children, and the youngest to be called Ștefan. Why, daddy? Because you will be dead, daddy. And I really like the name, Ștefan.

10.

Little children are like wine. We cut the lines in (N)aum's palm with my insectlike bike. When the sun sets down on the swamp of the Canal, I lift and spread out my legs, and you, in the white baby bike seat, point your finger to the clear sky, as if the long-shaped creatures of heavens intuitively knew we were coming.

TAURUL MECANIC

"Mînios e taurul a doua zi în Mantua trandafirie,
dar sîngele lui regal de pe acum e aşteptat
printre cei tandri,
în ochii lui mari, singurii neucişi, să revezi
ochii mai vechilor şi-n ei, pe mult mai vechii
principi-copilandri"

—Ion Mircea, *Lumină stînjenitoare*

THE MECHANICAL BULL

'Angry is the bull the next day in rosy Mantua,
but his royal blood is of now expected
among the tender ones,
in his big eyes, the only living thing, to see again
the eyes of the elders and inside them, the much elder
child princes'.

—Ion Mircea, *Uneasy Light*

ARMADA GALBENĂ

Umflaţi ca alicele,
mugurii de forsythia
stau să pleznească.
Descotorosiţi de paraşutele micuţe,
alienii au intrat în oraş -
l-au colonizat într-o noapte.
Carlos Williams, Viorel Mureşan
nu mai sînt pe aici,
nimeni n-are să scape.

THE YELLOW ARMADA

Swollen like lead bullets,
the forsythia buds
are about to burst.
Unhinged from their little parachutes,
the aliens have entered the city—
they colonized it in one night.
Carlos Williams, Viorel Mureşan
are no longer here,
no one will make it out alive.

CUM ASCUNDEM NEFERICIREA

Forsythia sau Hibiscus?
întreabă ea, cînd traversează
şiruri de canapele, fotolii
directoriale, cabine de duş,
căzi de patru persoane,
becuri economice,
lămpi metal halide,
veioze, şuruburi.

Hibiscus, dar să nu fie mov,
răspunde el, *mov e aşa*
comun şi vulgar.
Chinezii pun floarea
acrişoară în ceai
şi se umplu
de antioxidanţi
să le ajungă tot anul.

Hibiscus, spune el, *roz sau alb.*

HOW TO HIDE UNHAPPINESS

Forsythia or Hibiscus?
she asks, passing
rows of sofas, executive
chairs with arms, shower cabins,
four-person hot tubs,
energy-efficient light bulbs
metal-halide lamps,
table lamps, screws.

Hibiscus, but make sure it isn't purple,
he says, *purple is kind of
common and vulgar.*
The Chinese put its tart flour
in their tea
and fill themselves
with antioxidants
for the entire year.

Hibiscus, he says, *pink or white.*

BUNAVESTIRE. 25 MARTIE

Îmi vine
să-mi fac cruce
de cîte ori îi văd
făcîndu-şi cruce
pe adolescenţii
masaţi în
autobuzul
nouă.
Trecem prin
dreptul bisericii
ortodoxe/ ei îşi
întrerup slangul
doar cît să execute
crucile acelea
mari şi
ameninţătoare ca o
declaraţie de război.

ANNUNCIATION. MARCH 25

I feel
like making
the sign of the cross
every time I see
the teenagers
crammed into
bus 9
cross themselves.
We pass
the Orthodox church/ and
they pause
from their slang
long enough
to make
those big signs
of the cross,
as threatening as
a declaration of war.

ABOUT A GIRL

Ea n-are semnal
dar ştie să emită semnale.
Cînd te tîrăşte de mînă prin club

prin mulţimea de polipi
cu mînuţa ei fermă
tatuată floral. Ai

urma-o chiar dacă
la capătul holului
v-ar aştepta o cuşcă
sub masa de măcelărie.
Numai că ea rîde acum –

asiatică stranie
la lecţia de
acupunctură. O

săruţi şi te muşcă
şi milioane de fluturi
subatomici îţi
zboară de pe o arteră
pe alta, şi mii de fiole
de benzedrină li se
sfărîmă de aripi.

Iar tu te întrebi
aproape explodat
de-atîta fericire:

Cum arată copilăria unui extraterestru?
Ce parte din anatomia masculină ronțăiau
reginele din epoca de piatră?
Cine o să repartizeze clonele în
piramida socială postumană?

ABOUT A GIRL

She has no signal
but knows how to give off signals.
When she holds you tight by her little

flower-tattooed hand
dragging you through the club,
through the colonies of polyps. You'd

follow her, even if
there was a cage
under the butcher table
at the end of the hallway.
Except she's laughing now –

a strange Asian woman
at an acupuncture class. You kiss

her and she bites you
and millions of subatomic butterflies
flap their wings, artery
to artery and ampoules
of Benzedrine,
thousands of them,
break on their wings.

And you ask yourself,
almost overflowing
with happiness:

What does the childhood of an extraterrestrial look like?
On what part of the male anatomy
did the Stone Age queens nibble?
Who will distribute the clones
in the posthuman social pyramid?

ABOUT A GIRL

Am speriat-o de moarte.
Acum pufnesc
şi mă întristez şi
mă scufund ca un
aligator în subteranele
New Yorkului.

Pot să mi-o-nchipui:
O fată fericită cu prietenele ei.
Prietenii ei strălucitori
ca feliile de mango
tăiate cu maceta.
This is the girl.

ABOUT A GIRL

I scared her to death.
I now snort
and get sad and
dive like an alligator
in the sewers
of New York.

I can picture her:
a happy girl with her girlfriends.
Her shining friends
like mango slices
cut up by a machete.
This is the girl.

ABOUT A GIRL

Nici o şansă să mă transform diseară
într-unul din detectivii sălbatici.
Să găsesc piaţa şi clubul,
luminile, pubul unde
studentele dau peste cap
shot după shot. Ca şi cum

tinereţea lor ar dura veşnic –
şi durează veşnic,
dacă o priveşti cu o anumită
intensitate, prin fum,

printre cuvintele ciocnite
nemilos ca bilele
pe catifeaua verde. Aici,

abia aici, apari tu, senzuală
şi neaşteptat de politicoasă
pentru civilizaţia *dotcom*
căreia un băieţel de 95 de ani
numit Ferlinghetti
crede că-i aparţii.

ABOUT A GIRL

No chance I will turn tonight
into one of those wild detectives.
Find the market and the club,
the lights, the pub where
students do
shot after shot. As if their

youth would last forever—
and it does,
if you stare it in the face long enough,
through the smoke,

among the words ruthlessly
knocked like balls
on green velvet. Here,

only here, you show up, sensual
and incredibly polite
for the *dotcom* age,
to which a 95-year-old boy
named Ferlinghetti
thinks you belong.

ENERGY FOOLS THE MAGICIAN

Stare contradictoriu nevrotică:
în urechi un Seasick Steve mai vechi
dar tu-ncerci să nu te laşi furat
de ritm şi de cofeină. Aminteşte-ţi,

volatilitatea şi fluiditatea
duc astăzi la depresie şi umilinţă
într-un mod pe care hiloţii – liberţii,
iobagii, peonii – nu l-ar fi înţeles.

Ele sînt *cover girls*, fumează şi o plasă
de riduri le creşte în jurul ochilor ca nişte
păianjeni drogaţi. Au aluniţe artificiale.
Unghii enorme ce le vor supravieţui.

ENERGY FOOLS THE MAGICIAN

Conflicting neurotic mood:
in the ears, an older Seasick Steve
though you try not to get carried away
by rhythm and caffeine. Remind yourself,

being volatile and fluid
leads to depression and humility these days
in a manner the helots -slaves, serfs, peons-
would not have understood.

They are *cover girls*, smoking,
and a net of wrinkles grows around their eyes
like intoxicated spiders. They have artificial moles.
Huge nails that will outlive them.

12 APRILIE

Toată tristeţea acestei lumi s-a scurs
peste oraşul sexy – aur şi alb.
Căutai sfatul ei bun

cum caută locul ascuns
un cîine bătut,
cînd

ţi-a spus: *sufăr cu*
capul de cîţiva ani, Ştef.
Ai tăcut. Între mese alunecau

picioare aristocratice.
O ceaţă de purpură şi de estrogen.
I-ai prins mîna în palma ta uriaşă

cît a romanticului german
Jean Paul şi cu degetul mare
ai început să-i masezi

solzii cafenii de iguana.

APRIL 12th

All the sadness in this world poured
over the sexy city —gold and white.
You were looking for her good advice

the way a hidden spot
looks for a hurt dog,
when

she told you: *I have had migraines
for years, Ştef.*
You kept silent. Among tables,

sashaying aristocratic legs.
A mist of purple and estrogen.
You took her hand in your giant palm

the size of the German Romantic
Jean Paul and with your thumb
began massaging

her brown iguana scales.

SÎNTEM GENERAŢIA EXTINCŢIEI

1.
Dacă Yemenul nu i-ar fi oferit lui Pasolini decorul
pentru *Il fiore delle mille e una notte*,
ar fi trebuit de-acum să dispară
înghiţit de nisip.

2.
„Singura bogăţie a Yemenului
este propria lui frumuseţe",
a spus năucitor şi profetic Pier Paolo.

Şi lentila aparatului diviniza
terase şi ziduri, porticurile
din Sa'ana, izolate într-un

ev mediu pe gustul birocraţilor
de la UNESCO. Statui şi cetăţi,
biserici din lut, comunităţi creştine,

(oricît de banal ar suna)
speciile, *bietele specii*, Sonia Larian,
dispar astăzi într-un vortex macabru.

Sîntem generaţia extincţiei.
Generaţia precedentă a
îmbogăţit uraniul, a încapsulat

napalmul, bacteriile, viruşii.
Tinerii simpatici de altădată
încingeau cuptoarele. Şi-au dat

costumele fine cu parfum
de Katin şi Kolîma. Iar copacul,
la început cu două frunzuliţe,

apoi cu ramuri tot mai mari
frunziş luxuriant
şi flori carnivore, l-a plantat

o maimuţă cu botul obraznic
şi ochi ticăloşi. Aş fi vrut să
respir în nopţi de petrol

ca-n poveştile-arabe. Să pîndesc,
ceasuri în şir, cum se deschide
fereastra care îmi anunţă pieirea.

WE ARE THE GENERATION OF EXTINCTION

1.
If Yemen had not offered Pasolini the setting
for *Il fiore delle mille e una note*,
it should have disappeared by now,
swallowed by sand.

2.
*Yemen's only riches are
its own beauty*, Pier Paolo said,
bewildering and prophetic.

And the camera lens worshiped
terraces and walls, Sana'a's
porticos isolated in

a Middle Age to UNESCO's
bureaucrats' taste. Statues and fortresses,
clay churches, Christian communities,

(no matter how plain it might sound)
species, *the poor species*, Sonia Larian,
they're all disappearing these days in a gloomy vortex.

We are the generation of extinction.
The one before enriched
uranium, stored napalm,

bacteria, viruses.
The nice yester-young people
warmed up the ovens. Sprayed

their fine suits with Katyn
and Kolyma perfume.
And a monkey, naughty nosed

and wicked-eyed, planted the tree,
two leaves at first, then bigger
branches, rich foliage

and carnivorous flowers. I wish
to have breathed in petroleum nights
like in the Arabian stories.

To lurk, for hours in a row,
the window foretelling my death,
to open.

POLTERGEIST ÎN PĂDUREA FĂGET

Am fotografiat enorm, conform logicii personale,
dar entitățile ectoplasmice n-au mai apărut
pe ecran. Am filmat panglici alb-roșii prinse de copaci
dar vîntul stîrnit din senin nu le-a mai făcut

să vibreze, în alfabetul morse sau
alt cod. Era soare și frig.
Ne îmbrăcaserăm gros. Conștienți că
tot n-am fi putut ajunge în Baciu sau Hoia

unde potecile se transformă în Porți. Erai
atît de dezamăgită și, pe drumul de întoarcere,
n-ai făcut nici cel mai mic efort s-o ascunzi.
Îmi venea să te sugrum la fiecare douăzeci de pași,

dar poteca în serpentină, rădăcinile dezgolite
(de fagi sau de ulmi) arătau îndeajuns
de ciudate în după-amiaza luminoasă și rece.
Am făcut fotografii artistice și o lună mai

tîrziu mi le-ai lăudat, de parcă tu însăți
le capturaseși, cît mergeai zvîcnind ca un
ghem de șerpi. Apoi ne-am oprit. Nu înțelegeai
de unde atîtea nume exotice, atîtea cifre

scrijelite și lățite pe trunchiuri. Neuronii tăi
procesau la foc automat, aici, în desișul adînc,
necunoscut hoardelor de turiști. Mi se uscase
gîtul cînd am înțeles, aproape

instant, că pădurea ne sorbise în necropola-i
stranie, unde tăcerea sufletelor expiate
cu osteneală devenise, cum ar spune poetul,
asurzitoare. Te durea și pe tine, ca și cum o

armă trimisă din viitor te-ar fi țintuit între
trunchiurile încrustate cu numere, nume și cruci,
între coroanele legănate ușor sub care odihnesc
Bobby și Bonnie și Șosețica și Jack și unde tipii

ăia ce-abia mai pot respira la oraș, zilnic
umiliți și isterizați, vin aici ca să urle mut,
să delireze, să-i plîngă pe Bobby pe Lassie
pe Bonnie pe Șosețica pe Jack

POLTERGEIST IN FĂGET FOREST

I took lots of photos, based on personal logic,
but the ectoplasmic entities failed to appear
on the screen. I took pictures of white, red ribbons
hanging from trees but the sudden wind

no longer made them vibrate, in Morse
or any code. It was sunny and cold.
We were wearing thick clothes. Aware
that we wouldn't have made it to Baciu or Hoia

where paths turn into Gates. You were
so disappointed and on the way back, you made
no effort whatsoever to hide it. I felt like
choking you every twenty steps,

but the coiled trail, the unveiled roots
(beeches or elms), looked odd enough
in the crisp, shining afternoon.
I took artistic photos. A month later

you praised them as if you had taken them yourself,
while you were walking, throbbing like a knot of snakes.
Then we stopped. You couldn't understand
all the exotic names, the numbers

scribbled and spread on the tree trunks. Your nerve cells
were processing fast, here, in the deep
forest, unknown to the crowds of tourists. My throat
was dry when I understood, almost

instantly that the forest had slurped us into its strange
necropolis, where the silence of the guilty souls
had heavily become, as the poet would say,
deafening. It pained you as much as if

a gun sent from the future aimed at you among
the trunks encrusted with numbers, names, crosses,
amid the crowns easily rocked under which Bobby
and Bonnie and Little Sock and Jack rest and where those

guys that can hardly breathe in the city, daily
shamed and hysterical, come here to howl wordlessly,
rave, cry for Bobbie and for Lassie
for Bonnie for Little Sock for Jack.

NEPAL (29 APRILIE 2015)

O lume zombie excavată recent,
pierdută-ntre lujeri şi dărîmături.

Depresia e rîul de pietre
rostogolite din munţi,

dar asta nu se aude în studioul tv
unde, seara tîrziu, tîrfele-mascul

predică patriotismul, xenofobia sau
cine e de vină pentru cutremurul

din Nepal. Nimic despre versanţii
infectaţi (alpinişti japonezi, europeni,

chinezi, americani): îşi recuperează,
pentru cîteva zile abia, măreţia.

NEPAL (APRIL 29, 2015)

A recently excavated zombie world,
lost under tendrils and debris.

Depression is a river with rocks
that fell off a mountain,

but this cannot be heard in the TV studio
where, late at night, the male whores

preach patriotism, xenophobia or
guilt for the earthquake

of Nepal. Nothing on the infected
slopes (Japanese, European,

Chinese, American climbers): regaining,
for a few brief days only, their greatness.

AUTODENUNȚ

Sînt un
musulman
kenyan
de limbă
swahili
căruia
îi este
tot mai
SILĂ
de Profet.

SELF-DENOUNCEMENT

I
am
a Kenyan
Muslim
of Swahili
dialect
who is
getting
SICK
of the Prophet.

ARS AMANDI

Eşti atît de frumoasă
încît ai putea juca oricînd
în *Twin Peaks*.

ARS AMANDI

You are so beautiful
you could star anytime
in *Twin Peaks*.

ARS AMANDI

Pentru mine Sherilyn Fenn
a fost formula
estrogenului.

ARS AMANDI

To me, Sherilyn Fenn
was the formula
for the estrogen.

LITHIUM (DANSUL ŞEARPELUI)

A plouat mult. Mi-am udat mocasinii.
Tu dormi de 54 de minute şi nu am
cui să-i mai scriu. Şi mi-e silă să
fac piruete retorice. Tu eşti acolo
cu visele rele şi fulgerele
şi tunetele care vin dinspre vest.
Sau eşti acolo cu visele tale
în sfîrşit seducătoare, şi un fel
de pace mentală îţi ţine de cald
şi îţi împrospătează respiraţia.
Aş vrea să îţi vorbesc despre iubire
dar ştiu că asta obligă. Chiar şi
pe cei din zodii expuse, adictive
cum sîntem noi, îi face să strîmbe
din nas, să-şi tragă pe gît
pătura caldă şi să gîndească:
cel care dăruieşte va pierde.
O inimă de argilă eu
Îţi voi dărui, totuşi, oricînd. Şi voi
accepta să mă descompun
în micul cimitir de la ţară.
Îmbrăcat numai în pijamalele bleu.
Ascultînd *Lithium*. Şi văzînd
lacrimile unor rude cuminţi,
ţiganilor care nu m-au lovit
niciodată, femeilor cu unghii
pămîntii. Pentru că tu
dormi, Patricia, şi visezi ca o
vulpe sau un raton, şi eşti liberă,
şi somnul te poartă departe
de mine, peste lumi.

LITHIUM (THE DANCE OF THE SNAKE)

It rained a lot. My shoes are wet.
You have been sleeping for 54 minutes
and there is no one I can write to.
And I am sick of making rhetorical pirouettes.
You are there with your bad dreams
and lightning and thunders coming from the west.
Or you are there with your dreams
at last, seductive, and a sort of
mental peace keeps you warm
and freshens up your breath.
I would like to talk to you about love
but I know this comes at a price. Even those
from vulnerable zodiac signs,
addicts like us, are prone to turn up
their nose, pull the warm blanket
under their chins and think:
for whoever gives, will lose.
Still, a heart of clay I
shall give to you any time. And will
accept to decompose
into the little
countryside graveyard.
Clad only in the blue pajamas.
Listening to *Lithium*. And watching
the tears of nice relatives,
of the gypsy who never hit me,
of the sallow-nailed
women. Because you
are asleep, Patricia, and dream like
a fox or a racoon, and you are free,
and your slumber carries you away
from me, across the worlds.

SAFARI

Ne adunăm în grădina din spatele casei,
luminoşi ca focul aprins de cîteva vreascuri
sau numai scufundaţi în seara de vară.

Întoarcem capetele spre stînga şi dreapta, ca
şi cum abia am fi ajuns aici. Numărăm şi
clasificăm vechiturile: fontă, lemnărie, textile.

Verific preţul animalelor turnate în plastic,
pictate manual în vopseluri lipsite de toxicitate.
Sub licenţă americană, le produc, cu miile,

adolecenţi chinezi – fără îndoială talentaţi
şi tot mai predispuşi la suicid.
Firma *Safari Ltd* mi-a furat ochii şi sufletul

cu replica unui Blue Morpho Butterfly:
fetiţa mea are să fie, două-trei zile, fericită
(două-trei zile şi conştiinţa-mi va dormi mai uşor).

În grădina din spatele casei, potrivim
circular jilţurile acoperite cu pături.
Aşezaţi în jurul focului slab,

nu ne atingem de ţigări sau de băuturi.
Rostim cuvinte care încep cu litera *W.*
Şi nu doreşte nimeni să fie învingător.

SAFARI

We gather in the back garden,
glittering like kindled fire
or at most, sunken in the summer night.

We turn our heads from left to right
as if we'd just made it here. We count and
sort the junk in order: cast iron, wood, fabric.

I check the price on handmade plastic
animals, painted in non-toxic dyes.
Produced by the thousands,

under American license, by Chinese teenagers
undoubtedly talented and ever more prone to suicide.
Safari LTD has stolen my eyes and soul

with the replica of a *Blue Morpho Butterfly:*
my little girl will be happy for a couple of days
(a couple of days and a light sleep for my conscience).

In the back garden, we place old chairs
covered by blankets, in a circle.
Sitting around the kindled fire,

we don't touch cigarettes or booze.
We utter words that start with the *W* letter.
And nobody wants to win.

ARS AMANDI

Ei coboară din înserare în înserare
ținîndu-se de mînă.
Trec prin dreptul tău –
îți contractezi nările pînă nu-i
mai simți celuilalt deodorantul.

Dacă ea singură-ar coborî,
măcinînd aerul de caprifoi
între fese și sîni,
nările ți s-ar dilata brusc
și aproape ai leșina, ca în timpul
marii migrații, acasă,
pe cîmpia nilotică.

ARS AMANDI

They descend from nightfall to nightfall
holding hands.
They walk past you–
you narrow your nostrils till you
no longer smell the other's deodorant.

If she alone descended,
grinding the honeysuckle air
between her buttocks and breast,
your nostrils would suddenly dilate
and you'd almost faint, like during
the great migration, at home,
on the Nilotic plains.

ARS AMANDI

Saliva să-ţi cadă,
să-i curgă printre labii:
şuvoaiele limpezi din Colorado
sculptează nou, arămiu canion.

ARS AMANDI

Let your saliva fall,
let it trickle down her labia:
the Colorado rivulets
carve a new, copper canyon.

ARS AMANDI

Cînd merg să fac nani
ca jamaicanii,
visez doar celestul
perlatul punani.

ARS AMANDI

When I go to sleep
like Jamaicans do
I only dream of
the celestial
pearly punani.

BIOGRAPHIA LITERARIA

Am fost
cel mai
futut
dintre
pămînteni
şi acum
sînt
cel mai
iubit
dintre ei.

LITERARY BIOGRAPHY

I have been
the most
fucked
up
man
on earth
and now
I am
the most
beloved.

PAINT IT BLACK

Am văzut mîini ridicate
salutînd drapelele morții,
am văzut copii încolonați
spre uzinele kamikaze.
Am auzit crăpînd țeasta Sfinxului
pe obrazul celeilalte planete.

Aici fermele de napalm,
acolo vodevilul termonuclear.
Aici, pacea de cincizeci de ani,
tot mai înfricoșătoare.
Acolo, liniștea îți
ridică sîngele în urechi.

Trag pilota sub bărbia ei
durdulie. Mă retrag pe vîrfuri
în sufragerie. Ascund cheița
tancului chinezesc într-un loc
unde nici măcar eu n-am
s-o mai găsesc.

PAINT IT BLACK

I have seen hands in the air
saluting the death flags,
I have seen children in formation
marching towards the Kamikaze plants.
I have heard the skull of the Sphynx
crack on the cheek of the other planet.

Here, the napalm farms,
there, the thermonuclear vaudeville.
Here, the 50-year-old peace,
scarier and scarier.
There, the silence rushes
your blood to the ears.

I pull the duvet under her chubby
chin. I tiptoe
into the living room. I hide the key
to the Chinese toy tank in a place
I will no longer
find it myself.

LITHIUM (DANSUL ŞEARPELUI)

Săptămînile trecute am descoperit
că izvoarele cu apă potabilă din
vecinătate au chiar apă potabilă.
cînd am coborît cu bidoanele la umplut,
într-unul din ele o jigodie tocmai
îşi îmbăiase rottweilerul. Aşa că
izvorul ăsta-i deja pîngărit, îmi zic.
Celălalt are bazinul de mult ciuruit
încît gorilele de cartier nu-şi mai pot
curăţa cîinii care tocmai s-au tăvălit
peste pisica terciuită de tir sau
(văd într-una din zile cu ochii mei)
peste cîrtiţa zdrobită de coasa
electrică. E un izvor lîngă
bloc, sub grădinile cu zmeură şi
căpşune, ceapă, salată. E un izvor
pe care nu l-a revendicat
încă nimeni. Şi asta, pe lîngă
cuburile de gheaţă-n paharul
cu Absolut, mi se pare cel mai
important. Mai important decît
rahaturile despre poezie
debitate în jurul mesei
de bieţii ratoni hămesiţi.
Îţi scriu de la Inso, mîna-mi alunecă
spre gaterul scăpat de sub
control.

LITHIUM (THE DANCE OF THE SNAKE)

In the past weeks I have discovered
that the potable water springs
in the neighborhood really have drinkable water.
When I went down to fill the bottles,
in one of them, a jerk
had bathed his Rottweiler. So,
I tell myself, this spring is already defiled.
The other has long had its tank pierced
so the neighborhood gorillas can no longer
clean their dogs that have just rolled over
the cat smashed by the truck or
(and I see this myself one of these days)
over the mole crushed
by the lawn mower. There is a spring
near the block of flats
under the raspberry, strawberry, onion and
lettuce gardens. This is a spring
nobody has claimed
yet. And this, alongside
the ice cubes in the Absolut vodka
shot, is the most important thing to me.
More important than all the poetry nonsense
jabbered around table
by the poor famished raccoons.
I am writing to you from Inso, my hand slipping
toward the uncontainable
sawmill.

LITHIUM (DANSUL ŞEARPELUI)

Să încerc să adorm cu capul spre est
sau spre vest (cum e – creştineşte –
mai bine?) Aici, în sudul apropiat,
zilele sînt la fel de violent infernale
ca în vastul osuar al Mediteranei.
Estera şi-a luat cu ea doar un Whale
Shark gri, pete albe, şi un Dolphin
Shark negru, lucios: miniaturi lucrate
la înaltă fidelitate (crezi că e numai
o coincidenţă banală, dintr-alea care
proiectează în mistic şi metafizic
pe cel mai odios cocalar?)

Transpirat, aproape de combustia
spontană nopţile/ scufundat în scris &
citit pe răcoarea fantomatic-a zorilor
pot să beau seara una sau două beri,
şi să rîd, şi să gesticulez pînă degetele
îmi amorţesc pe celular de atîta vorbit
cu tine, Patricia, Patricia, Patricia
cînd lumina se estompează şi
întunericul delirează pe muchiile casei
bătrînului avocat (*sînt prinţul plin de
vehemenţă iar tu prinţesa lipsită de
clemenţă*) şi căldura ne controlează
instinctele în momentele-n care
ne digerăm unul altuia sucurile,
Patricia, Patricia, Patricia
încleştaţi şi narcotizaţi şi catifelaţi,
doi păianjeni citron
simultan pradă şi prădător
(să fie asta doar premoniţia?)

LITHIUM (THE DANCE OF THE SNAKE)

Should I try to sleep, head facing east
or west (what is the best—Christian—thing to do?).
Here in the near south,
the days are as infernally violent
as in the vast Mediterranean ossuary.
Estera only took her grey, white spotted
Whale Shark and black, shiny Dolphin Shark:
thoroughly crafted miniatures
(do you think it is merely a coincidence,
like the ones projecting
the most repulsive douchebag
into the mystical and metaphysical world?)

Sweaty, close to spontaneous combustion at night,
engrossed in writing &
reading at the cool, ghostly dawn,
I can have a beer or two in the evening
and laugh and gesture until fingers
go numb on my phone from talking
to you, Patricia, Patricia, Patricia,
when the light goes dim and
the dark is raving on the edges of the old
lawyer's house (*I am the prince, full of*
frenzy and you, the princess lacking
clemency) and the heat commands
our instincts when we drink
in each other's juices,
Patricia, Patricia, Patricia,
clasped and heavy-eyed and velvety,
two citron spiders, both prey and predator
(is this just a premonition?)

TAURUL MECANIC

Dacă eşti tandră
sau numai o căţea cu pielea catifelată,
pe mine nu mă interesează.

Dacă îţi plac poemele mai excitante decît ruinele unde-au
    înnoptat raverii
sau dacă poezia – la fel ca spanacul înghiţit în copilărie –
    te face să vomiţi,
mie mi-e indiferent.

Dacă ai tenul elastic şi foşnitor, cea mai tînără membră a
    sectei de porno-cadîne
sau dacă eşti atît de disperată încît nici nu îţi mai vopseşti
    firele albe,
vino, mi-e egal.

Vino, dacă paraginile de la marginea oraşului te-au făcut
                    să-ţi doreşti *apocalypse now*
sau dacă, nufăr de carne, ai prefera mai degrabă să putrezeşti
                    în piscina în formă de inimioară,
pentru că nici viaţa asta de huzur nu-i destul de uşoară.

Vino, dacă ai avortat de curînd şi ai nimerit peste-un
    ginecolog măcelar şi
vino, dacă adolescentele skinny, cu sîni ce nu vor înflori
    niciodată îţi accelerează

– doar privindu-le din senin – senzația de ulcer, infarct,
variolă, lepră mentală.

Vino, dacă îți place să hoinărești mai șleampătă decît Janis
Joplin prin parc și
vino, dacă te clatini, tulpină de porumb, pe tocurile ce-ți
însîngerează călcîiele, la ieșirea din club.

Dacă ești Balanță și îți place mai mult să primești decît să oferi,

Dacă ești o Capricoarnă studioasă și exuberantă,

Dacă ești Leoaică și nopțile plîngi de furie că nu ai moștenit
încă pămîntul,

Dacă ești Săgetătoare și mă hipnotizezi cu razele unui creier
de diamant,

Dacă ești Rac scufundat în tandrețe ca-ntr-un șipot de munte,

Dacă ești Tauriță de-o senzualitate hierofanică, elementară
ca vîntul și focul,
                    pămîntul și apa,
Dacă ești Vărsătoare, asculți *La Bohème* și înseninezi adesea
sufletele nevinovate,

Dacă ești Scorpioana căreia uneori îi crește sub plex o pulă
intelectuală,

Dacă ești Gemeni și pregătită să minți că poți să iubești pînă
la piatra tombală,

Dacă eşti un Berbec pasional şi devastator, ca tornadele
   peste satele uitate de lume,

Dacă eşti Fecioara din iederă şi mosc, estrogen şi absint,

Dacă eşti gata să-mi oferi trupul şi sîngele, ca Iisus,
   Doamna Peşti

Vino,

vino odată:

sînt Taurul Mecanic.

Te aştept.

THE MECHANICAL BULL

If you are tender
or just a velvety-skinned bitch,
I don't care.

If you find poems more exciting than the ruins
                where the ravers spent the night
or if poetry, much like the spinach
                you had to swallow as a child, makes
                you sick,
it's all the same to me.

If your complexion is elastic and rustling,
                the youngest member of the porn
                odalisque gang,
or you are so desperate you no longer
                dye your white roots,
come, it doesn't matter to me.

Come, if the wrecks on the city's outskirts
                made you want *apocalypse now*
or if, you, water lily of flesh, would rather rot
                in the heart-shaped pool
because this well-off life isn't that easy after all.

Come, if you have recently had an abortion
                and ended up in the hands of a
                butchering gynecologist
and come, if the skinny teenage girls with breasts
                that will never bloom, make you,
just by suddenly looking at them, think of ulcers,

heart attack, smallpox, mental
decay.

Come, if you like wandering, more unkempt
      than Janis Joplin, through
      the park and
Come, if you wobble like a corn stalk, wearing heels
      that make your feet bleed
      when you leave the club.

If you are a Libra and you like to get more than give,
If you are a bookish and exuberant Capricorn,

If you are a Leo and you cry of anger at night because
  you have not inherited from the earth yet,
If you are a Sagittarius and you hypnotize me with the
  rays of your diamond brain,

If you are a Cancer swathed in tenderness like the
  gushing of a mountain spring,
If you are a Taurus of sacred sensuality, basic
  like the wind and fire, earth, and water

If you are an Aquarius, listen to *La Bohème* and often
  light up innocent souls,
If you are a Scorpio who sometimes grows an
  intellectual cock under her plexus,

If you are Gemini and ready to lie that you can love all
  the way to the tomb stone,
If you are an Aries, passionate and devastating like
  tornadoes over long-forgotten villages,

If you are a Virgo made of ivy and musk, estrogen, and absinthe
If you are ready to give me your body and blood like Jesus,
    Madame Pisces,

Come,

come at once:

I am the Mechanical Bull.

I am waiting for you.

EXIT

FORT MĂNĂSHTUR, 26 NOIEMBRIE 2015

Ceață afară, abur, broboane pe geam:
"adevărul e cerul senin",
cum zice Nino Stratan.

MĂNĂSHTUR FORT, November 26, 2015

Mist outside, steam, drops on the window:
"The truth is the clear sky,"
says Nino Stratan.

NOTES:

Page 1 : Ion „Nino" Stratan (1955-2005), postmodern Romanian poet. A polyglot with impeccable technical poetics, he is the author of a spectacular suicide (within a culture that refuses the act): left by his wife, Nino Stratan pressed his heart into a kitchen knife, after the death of his mother with whom he was living.

Page 7: Ion Mureşan (n. 1955), contemporary poet, alcohol advocate and the subversion of reality through the Baudelairean displacement of the senses. He is also considered an heir of the oneiric poet Virgil Mazilescu (1942-1984), perhaps the last great representative of the Romanian poetic avant-garde.

Page 17: Alexandru Muşina (1954-2013), Romanian poet and essayist, one of the first creative writing professors. Vlad Drăgoi (n.1987), Muşina's student & a friend of the poet.

Page 21: Ana Dragu (n.1976), poet and psychotherapist, a friend of the poet.

Page 41: Gellu Naum (1915-2001), poet, playwright, novelist, translator, considered one of the most important Romanian Surrealists.

Page 42: Café Insomnia, an important meeting place for the writers and artists of Cluj, Transylvania, location of the Thoreau's Nephew Reading Club, founded in 2008, by the poet.

Page 66: Sonia Larian (born Ariane Lewenstein in 1931, in Bucharest) is the author of the novel *These Poor Bodies*.

Page 70: In the Cluj County of Transylvania, Romania, the forests Baciu, Hoia, and Făget are magnets for fans of paranormal activity.

ABOUT THE POET

ȘTEFAN MANASIA is a Romanian poet, journalist and editor. He published seven volumes of poetry and had his poems translated in Hungarian, French, German, Polish and Modern Hebrew. He is the author of a collection of essays and literary chronicles called *The Aroma Stabilizer* and a short story collection, *The Chronovisor*. His most recent poetry collection is *The Obscure Sources* (2024).

ABOUT THE TRANSLATOR

CLARA BURGHELEA published two poetry collections: *The Flavor of the Other* (Dos Madres Press 2020) and *Praise the Unburied* (Chaffinch Press 2021). Her poems and translations appeared in *Gulf Coast, Delos, The Los Angeles Review* and elsewhere. She is the Review Editor of *Ezra, An Online Journal of Translation* and the Translation Editor of *Reunion: The Dallas Review.*

www.ingramcontent.com/pod-product-compliance
Lightning Source LLC
Chambersburg PA
CBHW021114130626
46554CB00002B/692